# 누가복음

## 최고의 멘토, 예수님을 만나라

이대희 지음 | 바이블미션 편

엔크리스토
ENCHRISTO

# 인생의 기초를 성경으로 다져라

    십대는 두 번 다시 돌아갈 수 없는 인생에서 귀한 시기입니다.
앞으로 인생을 살아가는 데 있어 기초를 다지는 시기로, 십대를 어떻게
보내느냐에 따라 인생이 달라집니다.

    우리가 사는 세상에는 십대를 유혹하는 잘못된 문화와 가치관들이
너무 많습니다.
세상에 물들지 않고 성경적 가치관과 하나님의 나라를 꿈꾸며 살아갈
수 있는가 하는 것은 모든 십대뿐 아니라 십대를 지도하는 부모와 교사
들이 갖는 중요한 관심사입니다.

    십대들을 영원히 지켜줄 수 있는 것은 오직 말씀입니다.
이 시기에 하나님의 말씀으로 얼마나 무장하느냐에 따라 미래의 삶이
결정됩니다.
성경으로 인생의 기초를 다지는 일은 그 어떤 일보다 중요한 일입니다.

    〈틴~꿈 십대성경공부〉 시리즈는 성경 자체를 배우면서 십대의 삶을

가꾸는 내용으로 구성되었습니다. 일차적으로 성경개관을 통해 성경 전체의 맥을 잡고, 그 다음으로 구약성경책과 신약성경책을 통해 십대에 관계된 성경의 각 권을 선택하여 공부하도록 했습니다.

자매 시리즈인 〈아름다운 십대성경공부〉 시리즈와 함께 연결하여 사용하면 균형 있는 교과과정이 됩니다.

아무쪼록 이 성경공부 교재를 통해 성경적 비전을 품고 말씀과 일치를 이루는 하나님의 사람으로 자라나길 기도합니다.

오직 주님께 영광을…….

이대희

# 틴~꿈 십대성경공부 시리즈 교재의 특성

1_ 십대들이 꼭 알아야 할 핵심내용과 성경적인 가치관과 세계관을 정립하는 성경공부입니다.

2_ 귀납적 형태를 띤 이야기대화식으로 탐구능력을 키우고 생각을 점차 열리게 하는 흥미로운 성경공부입니다.

3_ 자유로운 토의와 열린 대화를 활발하게 하는 소그룹에 적합한 성경공부입니다.

4_ 영적 사고력과 해석력, 분별력을 키우면서 스스로 적용능력을 점차 극대화시켜 주는 성경공부입니다.

5_ 본문 중심 성경공부로, 성경이야기 속으로 빠져들어 말씀의 성육신을 경험하는 성경공부입니다.

6_ 흥미와 재미를 유도하는 주제로 구성되어 있고, 모두가 쉽게 참여하면서 영적 깊이와 변화를 체험하게 하는 전인적인 성경공부입니다.

7_ 성경공부를 통하여 자연스럽게 학과공부와 전인교육에 필요한 논술력, 사고력, 상상력, 창의력, 응용력을 함께 계발시키는 성경공부입니다.

8_ 분반공부와 제자훈련 등 시간(30분, 1시간, 1시간 30분)을 탄력적으로 운영하며 사용할 수 있는 성경공부입니다.

9_ 15년 동안 준비하고 실험한 성경공부 사역 전문가에 의해 검증된 효과적인 공부 방법과 총체적이며 전인적인 교과과정이 체계적으로 구성된 신뢰할 만한 성경공부입니다.

**틴~꿈** 십대성경공부 시리즈 전체 양육과정표

〈틴~꿈 십대성경공부 시리즈〉는 1년 단위로 5권씩 3년 동안 성경 전체의 내용을 핵심적으로 다루도록 구성되었습니다. 1년차는 성경 파노라마를 통해 성경의 맥과 개관을 다룹니다. 그리고 구약책과 신약책 중에서 십대에 맞는 책을 선택하여 집중적으로 유형별로 균형 있게 공부하도록 했습니다. 십대 시기에 성경의 맛을 직접 느끼게 함으로써, 앞으로의 삶 속에서 성경을 계속 배우고 실천하는 데 도움을 주는 방향으로 내용을 구성했습니다. 십대를 마칠 때는 적어도 성경의 중요한 맥과 뼈대를 잡고, 성경의 내용을 각 권별로 조금씩이라도 살아 있는 말씀으로 경험한다면 평생 동안 말씀과 함께 사는 데 큰 도움이 될 것입니다.

| | 성경개관 시리즈 | 구약책 시리즈 | 신약책 시리즈 |
|---|---|---|---|
| 1권 | 성경파노라마 - 구약1<br>성경, 한눈에 쏘옥~ | 창세기<br>인생의 뿌리, 꽉- 잡아라 | 누가복음<br>최고의 멘토, 예수님을 만나라 |
| 2권 | 성경파노라마 - 구약2<br>성경, 한눈에 쏘옥~ | 에스더<br>영적 거인, 빼- 닮아라 | 로마서<br>내 안의 복음 발전소 |
| 3권 | 성경파노라마 - 구약3<br>성경, 한눈에 쏘옥~ | 다니엘<br>나는 바이블 영재! | 사도행전<br>글로벌 증인이 되어라 |
| 4권 | 성경파노라마 - 신약1<br>성경, 한눈에 쏘옥~ | 잠언<br>지혜가 최고야! | 빌립보서<br>기쁨을 클릭하라 |
| 5권 | 성경파노라마 - 신약2<br>성경, 한눈에 쏘옥~ | 전도서<br>인생이 보인다! | 요한계시록<br>인생승리, 폴더를 열어라 |

● 각 과는 10과 내외로 구성되어 있으며, 3년 과정으로 중고등부가 모두 사용할 수 있습니다. 각 교회 상황에 따라 순서에 상관없이 책을 자유롭게 선택하여 사용 가능합니다. 과정을 계속 이어가기를 원하면 〈아름다운 십대성경공부 시리즈〉(3년차)와 연관하여 사용할 수 있습니다.

본 교재는 다음과 같은 단계로 구성되었습니다. 전체 단계를 잘 이해하고 활용하면 성경공부에 훨씬 효과적입니다.

## ■ 열린 마음

마음을 여는 단계입니다. 성경공부는 마음을 먼저 열지 않으면 말씀이 들어오지 않게 됩니다. 질문에 편안하게 답하도록 하되 무리하게 답을 끌어낼 필요는 없습니다. 질문을 통해 마음을 집중하는 데 그 의미가 있습니다.

## ■ 말씀 먹기

말씀 속으로 들어가는 단계입니다. 공부를 할 때, 본문을 먼저 읽고 나서 질문을 통하여 말씀 속으로 함께 들어가는 데 목표를 둡니다. 가능하면 본문을 지식적으로 이해하기보다는 전인적으로 이해하는 접근 방식이 필요합니다. 성경을 이야기 식으로, 글자가 아닌 사건으로 보도록 합니다. 그리고 생명의 말씀을 먹는다는 자세로 의미를 생각하며 질문에 대한 답을 해야 합니다. 그렇게 하면 점차 성경 속으로 들어가는 것을 경험할 것입니다.

일반 학교공부보다 차원이 높습니다. 이것을 터득하면 일반 공부는 쉽습니다(주제별로 구절을 공부하는 방식보다 본문을 통하여 성경지문을 공부하면, 전체 문맥을 이해하는 능력과 아울러 논술 · 논리 · 구술 · 토론 능력이 자동적으로 해결됩니다).

## ■ 되새김

되새김은 소가 먹은 음식을 다시 되씹는 과정과 같습니다. 말씀을 지식적으로 이해하는 것을 넘어 그 의미를 곱씹는 것입니다. 도움말을 통하여, 이미 알고 있던 말씀의 의미를 다시 한 번 깊게 생각하는 단계입니다. 처음에는 도움말 없이 질문에 대한 답을 스스로 찾아내도록 합니다. 단순히 단어나 구절을 외우는 것이 아닌, 의미를 곱씹어 생각하는 것이 중요합니다.

## ■ 생각해 보기

본문에서 특별히 생각해야 할 중심 주제를 생각해 보는 단계입니다. 즉, 머리에서 가슴으로 이르게 하는 단계입니다. 말씀을 실천으로 옮기기 위해서는 말씀을 깨닫는 일이 선행되어야 합니다. 가슴으로 깨닫는 것만이 실천에 이르게 됩니다. 이 단계에서 서로 의견을 나누고 토론을 하면 좋습니다. 한 사람의 일방적인 설명보다는 각자의 생각을 자유롭게 나눌 수 있도록 소그룹을 활성화합니다.

## ■ 삶의 적용

'되새김'과 '생각해 보기'를 통해서 얻어진 말씀을 내 삶에 적용하는 단계입니다. 단어나 구절을 그대로 실천하는 것은 율법적인 적용이 될 수 있습니다. 의미를 이해하고 그것을 내 삶에 알맞게 응용하면서 적용하는 것이 바람직합니다.

## ■ 실천 메시지

본문에서 생각할 수 있는 내용을 정리했습니다. 내용을 읽고 나서 자기의 생각을 나누어도 좋습니다. 실천 메시지를 통해서 한 가지라도 분명한 메시지를 가슴에 품고 적용하며 실천하는 시간입니다.

# ■ 누가복음 여행 지도 ■

# 차례

# 최고의 멘토, 예수님을 만나라

누가복음을 통해서 우리는 우리의 스승인 예수님을 배우게 됩니다. 신앙에서 가장 중요한 것은 예수님에 대한 지식입니다. 예수님의 생애를 공부하는 데 누가복음이 좋습니다. 역사적으로 기술된 누가복음은 예수님의 생애를 공부하는 데 유익합니다.

저자는 누가입니다. 누가복음은 그리스도의 전기를 기술하면서 그 안에 담긴 복음을 소개하기 위해 기록됐습니다. 객관적인 역사를 통하여 예수 그리스도가 구원자임을 입증하고 그 역사적 사실에 신앙의 기초를 두려고 했음을 알 수 있습니다. 특히 이방 사람들에게 이런 접근은 복음을 받아들이기에 훨씬 용이했을 것입니다. 지식층과 상류층의 로마 사람들에게는 더욱더 사실적으로 복음이 다가왔을 것입니다.

누가복음의 특징은 다음과 같이 정리할 수 있습니다.
1) 구원과 종말에 대한 내용이 강조되어 있습니다. 그리고 구약의 예언이 신약에서 성취되는 것을 말하고 있습니다.
2) 구원은 철저히 하나님이 주도적으로 이끌어 가십니다. 하나님의 구원을 이루시는 분은 곧 예수님이십니다. 물론 예수님의 사역 뒤에는 성령님이 계십니다. 삼위일체의 하나님이 잘 나타나 있습니다.
3) 누가복음의 중심인물은 예수님입니다. 그리스도와 주라는 단어를

예수님에게 사용하고 있는데, 이것은 예수님이 구약에 예언된 하나님의 구원을 성취하신 메시야라는 사실을 드러내 줍니다.

4) 구원의 대상 ─ 구원의 대상에서 소외된 사람들에게 관심을 두고 있습니다. 예를 들면 가난한 자, 이방인, 여자와 어린아이 등 그 밖의 대상들이 두드러지게 나타납니다. 마태복음에는 사마리아에 대한 언급이 한 번도 없는데 반해, 누가는 사마리아를 중요한 전도대상으로 삼습니다.

5) 아름다운 문학적 체계를 가지고 있다(이야기 회화적 성격이 강하다).

6) 역사적이며 전기적 가치가 있습니다. 예수님의 생애를 가능한 역사적인 순서로 기록했습니다

7) 예수님의 인성에 대해서 강조합니다. 하나님의 아들보다는 사람의 아들로 소개하면서 탄생과 소년기와 예수님의 눈물, 기도, 죽으심, 식사가 많이 언급되는 특징을 가지고 있습니다.

누가복음은 그 중심이 연대기적인 방법으로 진행되고 있습니다. 탄생과 갈릴리 선교와 예루살렘 선교로 이어지지만 세부적인 면에서는 선교지인 예루살렘의 중요성과 가르침이 많이 나옵니다.

내용구조를 보면 1: 1-4 서언, 1:5-9:50 예수의 메시야 신분과 갈릴리 선교, 9:51-19:27 예수의 예루살렘에로의 여행과 가르침, 19:28 -24:53 예수의 예루살렘 선교와 목표 완수 등으로 구분할 수 있습니다.

다른 복음서와 차별되는 누가복음의 독특한 점은 다음과 같습니다.

─소외되고 가난한 자에 대한 내용이 담겨 있습니다.

─아이들과 여인들에 대한 관심이 특별합니다.

─사회에서 버림받고 천대받는 이에 대한 관심이 나타나 있습니다.

―잃어버린 자들에 대한 내용이 집중적으로 자주 나옵니다(잃은 양, 잃은 동전, 잃은 아들)

―이방인에 대한 관심이 특별합니다.

이런 면에서 누가복음은 모든 민족, 모든 이를 위한 복음과 특별히 소외되고 연약한 자에 대한 관심을 가지고 있습니다.

누가복음이 주로 강조하는 내용은 첫째, 기도입니다. 다른 복음서 보다 조직적이고 상세하게 기도를 소개합니다. 기도의 방법 등이 자세하게 나와 있습니다. 바른 기도 훈련 지침이라 할 수 있습니다.

예를 들면 세례를 받으실 때의 기도(눅 3:21), 반복적인 예수님의 기도생활(눅 5:15-16), 열두 제자를 세우기 전의 기도(눅 6:12), 베드로의 고백을 듣기 전의 기도(눅 9:18), 변화산에서의 기도(눅 9:28-29), 베드로를 위한 중보기도(눅 22:31-32), 겟세마네 기도(눅 22:39-46), 십자가 상의 기도 등입니다.

둘째, 종말론의 강조입니다. 특히 기도는 종말론과 깊은 연관이 있습니다. 다가올 종말과 아울러 이미 나타난 하나님나라에 현재의 삶을 긴장감을 가지고 나가는 데 기도는 절대적입니다. 누가의 종말은 현재적 요소와 미래적 요소의 균형을 말하고 있습니다.

셋째, 성령의 강조입니다. 사도행전처럼 성령에 대한 내용이 많이 나옵니다. 예수님의 성령충만함과 세례요한, 마리아, 사가랴, 엘리사벳, 시므온 등이 모두 성령충만함을 입은 사람으로 소개됩니다. 마태복음에는 좋은 것으로 된 것을 누가복음은 성령으로 말합니다.

넷째, 사도행전과 연계성입니다. 누가복음은 갈릴리에서 예루살렘으로 줄거리가 이동하지만, 제2권이라 할 수 있는 사도행전은 예루살렘에서 땅끝까지 복음이 이동합니다

누가복음서를 통해 예수 그리스도를 더욱 깊게 알아가는 놀라운 축복의 시간이 되기 바랍니다.

# 01

# 예수님의 탄생

"지극히 높은 곳에서는 하나님께 영광이요 땅에서는 기뻐하심을 입은
사람들 중에 평화로다." (눅 2:14)

구유통

 **열린 마음**

● 사람들에게 예수님이 복음을 전해도 많은 사람들은 예수님을 잘 믿으려 하지 않습니다. 그 이유는 무엇이라고 생각합니까?

_____

_____

 **말씀 먹기**

● 누가복음 2:1-14을 읽고 다음 질문에 답해 보십시오.

예수님은 역사적으로 태어나신 분입니다. 본문은 역사적인 그 사실을 알려주는 대목입니다. 유대인들은 당시 로마 식민지 상태에 있었습니다. 이때 로마시대의 최초의 황제인 가이사 아우구스도가 통치하고 있었습니다. 아우구스도 황제의 이름은 "가장 높은 자"라는 뜻을 가지고 있습니다. 로마는 이때 세금을 걷기 위해 호적 조사를 했습니다.

1 로마 황제의 요구에 의해 유대에는 어떤 일이 일어났습니까? (1-3)

_____

_____

2 요셉은 마리아를 어떤 상태에서 어디로 데려갔습니까? (4-5)

_____

3 베들레헴에서 마리아는 아들을 낳아 어떻게 했습니까? (6-7)

_____

_____

4 그때 밖에서 양을 지키던 목자들에게 어떤 일이 일어났습니까? (8-12)

_____

_____

5 하늘의 천군 천사가 찬양한 내용을 말해 보십시오. (13-14)

_____

_____


🌸 생각해 보기


● 하나님의 아들이신 예수님이 구유에서 태어났다는 것은 어떤 영적 의
  미가 있습니까? (참고, 눅 9:58, 빌 2:6-8)

_____

_____


💡 Tip 예수님의 탄생 장소가 구유였습니다. 구유는 가축의 꼴을 먹이는 그릇입니
다. 이 구유가 굴속에 있었다는 견해가 전해지고 있습니다. 성지에는 산에 굴이 많은
데 가축을 먹이기에 적합했습니다. 구유에 누인 것은 사관이 없었기 때문인데 여기
서 사관은 여관보다는 객실로 번역되는 것이 옳습니다. 나그네를 위한 문간방, 즉 사

랑방 같은 곳이 몇 군데 있는데 그런 사관을 찾는다는 것은 어려운 일입니다. 예수님이 다락방을 준비한 것과 같은 것입니다. 돈과 안면이 있는 사람만이 사관에 머무를 수 있다는 점에서, 당시 요셉이 이런 자리를 얻는다는 것은 거의 불가능했을 것으로 보입니다. 가장 높으신 하나님이 인간의 가장 낮은 곳으로 내려오셨다는 것은 하나님의 인간을 향한 겸손을 보여주는 것입니다. 인간을 향한 하나님의 사랑이 어느 정도인지를 보여주고 우리가 하나님 앞에서 어떻게 살아야 하는지를 가르쳐줍니다.

---

여행 1. 나사렛에서 - 예루살렘 (준비시대)

**나사렛**/요셉과 마리아(1:27)-**베들레헴**(탄생)(2:4)-**예루살렘**/결례의 날(2:22)-**나사렛**/돌아옴(2:39)-**예루살렘**/12살 때(2:41)-**나사렛**/고향(2:51)-**요단강**(베다니-세례)(3:21)-**유대광야**/시험(4:1)-**예루살렘 성전**/시험(4:9)

---

 삶의 적용

1  예수님이 이 세상에 태어난 것과 나와는 무슨 관계가 있습니까? 또한 나에게 어떤 의미가 있습니까? 각자 말해 보십시오.

_____

_____

2  나는 주님을 내 안에 주님으로 영접했습니까? 현재 주님이 나의 마음 속 주인의 자리에 있습니까?

_____

_____

# 최고의 기쁜 소식

예수님이 이 세상에 오신 것은 인류에게 큰 기쁨을 주시기 위해서였습니다. 복음은 '기쁜 소식'이라는 의미입니다. 예수님은 우리에게 가장 기쁜 소식입니다. 왜 예수님이 우리에게 기쁜 소식이 됩니까? 그것은 나의 죄를 용서하기 위해서 오셨기 때문입니다. 예수님이 오시지 않았다면 나의 죄는 용서받지 못하고 그 결과 나는 죄로 인하여 영원히 죽게 될 것입니다. 인간이 죽는 것은 모두 죄로 인한 결과입니다. 죄를 짓지 않으면 인간은 죽지 않습니다. 인간이 죽는다는 것은 곧 모든 인간은 죄인이라는 의미입니다. 죄를 지은 인간은 죽습니다. 그런데 내 죄를 대신하여 죽으신 분이 있는데 그분이 예수님이십니다. 만약 예수님이 이 세상에 오시지 않았다면 우리는 죄에서 구원받지 못했을 것입니다. 그런데 예수님이 오심으로 인류는 다시 사는 희망이 생겼습니다.

이런 예수님이 내 인생에서 과연 최고가 되십니까? 나는 그런 마음으로 살아가고 있습니까? 그러면 나는 이 세상에서 가장 행복한 사람입니다. 죄를 용서받은 것보다 더 좋은 것은 없습니다. 사람이 인생에서 예수님을 만나는 것은 최고의 복입니다. 우리는 이미 큰 복을 받았습니다. 그럼에도 또 다른 복을 구하게 됩니까? 예수님을 믿는 것이 최고의 복입니다. 나는 이런 주님을 알고 마음에 모실 수 있다는 것에 대해 얼마나 감사하며 살아가고 있습니까?

# 02

# 예수님의
# 유년시절

"아기가 자라며 강하여지고 지혜가 충족하며 하나님의 은혜가
그 위에 있더라." (눅 2:40)

나사렛 어린이

## 열린 마음

● 나의 어린 시절을 한번 말해 보세요. (가장 인상 깊었던 일, 슬펐던 일, 기뻤던일 등)

## 말씀 먹기

● 누가복음 2:40-52을 읽고 다음 질문에 답해 보십시오.

유대인 교육은 아버지 지도로 만 6세가 되면 〈쉐마〉나 〈시편〉 중에서 중요한 것을 암송하기 시작합니다. 10세 때 〈미쉬나〉로 율법의 해석을 배우며, 12세 때 본격적으로 율법의 아들로서 실질적인 율법을 배우면서 자라고, 18세 때는 율법의 완전한 수집인 〈게마라〉를 공부합니다. 유월절에는 예루살렘에 1백만 이상의 군중들이 운집하는 것이 상례였습니다. 그만큼 아주 혼잡한 상황이므로 예수님이 미아가 되어버린 정황을 이해할 수 있습니다.

1 예수님의 성장과정은 어떠했습니까? (40, 52)

2 유대인(부모)은 해마다 예루살렘에 올라갔는데 그 이유는 무엇입니까?

(41)

3  예수님은 열두 살 때 유월절 절기를 위해 예루살렘으로 갔는데 어떤
   일이 일어났습니까? (42-45)


4  부모는 예수님을 사흘 후 어디서 만났습니까? 그때의 예수님의 모습
   을 말해 보십시오. (46-47)


5  부모가 예수님을 발견하고 놀라며 한 말은 무엇입니까? (48)


6  이때 예수님의 대답을 말해 보십시오. (49)

7 부모는 예수님의 말을 어떻게 받아들였습니까? (50)

_____

_____

8 이후에 예수님의 생활은 어떠했습니까? (51-52)

_____

_____

 생각해 보기

● 예수님의 성장과정은 균형적이었습니다. 지혜에 있어서, 키에 있어서, 은혜에 있어서 모두가 함께 자라갔습니다. 또 하나님과 인간과의 관계도 좋았습니다. 또 부모와 관계도 함께 말해 보십시오. 이것을 통해 신앙과 신앙 성장이란 무엇인지 말해 보십시오. (지식적인 면, 정서적인 면, 신체적인 면, 영적인 면, 사회적인 면, 가정적인 면)

_____

💡 Tip 신앙은 관계입니다. 얼마나 관계가 좋은가에 따라 신앙의 성패가 결정됩니다. 가장 중요한 관계는 하나님과 관계입니다. 그리고 이것을 통해 사람과의 관계와 사회와 가정의 관계가 좋아야 합니다. 바람직한 성장은 영적, 지혜와 정서와 육체적, 또 사회적으로 함께 자라가는 것입니다. 이런 면에서 예수님의 성장은 우리의 모델이 됩니다.

 삶의 적용

1 나의 삶은 얼마나 균형 있게 자라가고 있습니까? (영적, 정서적, 육체적, 사회적으로)

_____

_____


2 나의 정체성에 대해서 말해 보십시오. (나의 가치와 비전과 사명과 목적 등)

_____

_____

# 지혜로운 사람이 되라

　예수님은 지혜로운 분이었습니다. 이미 어린 시절부터 자기가 누구인지를 아셨고 그 뜻에 따라 모든 일을 행하셨습니다. 지혜는 지식 이상의 의미가 있습니다. 지혜는 내 삶의 전체를 아는 것입니다. 다시 말하면 나의 과거와 현재와 미래를 아는 것입니다. 지식은 부분적입니다. 오늘 닥친 현재와 경험한 과거 정도밖에는 모릅니다. 그러나 지혜는 나의 인생 전체를 압니다. 아직 경험하지 않은 것까지 알고 있는 것이 지혜입니다.

　예수님은 자신이 하나님의 아들이었고 하나님의 뜻을 이루기 위해 이 세상에 오셨음을 알았습니다. 우리 청소년들도 젊었을 때 이런 지혜를 가진다면 얼마나 좋을까요? 나의 인생의 목표와 사명을 안다면 인생은 살기가 쉽습니다. 내가 무엇 때문에 공부를 하는지…….

　이것은 내 힘으로 안 됩니다. 하나님이 지혜를 주셔서 깨닫게 해주셔야만 가능합니다. 어떤 공부보다 지혜 공부를 해야 합니다. 말씀을 통하여 우리는 이런 지혜를 얻을 수 있습니다. 하나님을 경외하는 자에게 이런 지혜를 주십니다. 하나님을 많이 사랑하십시오. 그러면 하나님이 사랑하는 만큼 하늘의 지혜를 주셔서 우리의 인생이 열리게 될 것입니다. 세상을 이끌어가는 진정한 리더는 지혜를 가진 사람입니다. 지혜가 점차 자라가는 십대가 되어야 하겠습니다.

# 03

# 광야와
# 갈릴리에서

"예수께서 대답하여 가라사대 말씀하시기를 주 너의 하나님을
시험치 말라 하였으니라." (눅 4:12)

유대광야

## 열린 마음

● 사람에게 시험이 필요한 이유는 무엇입니까? 왜 사람에게 시험이 닥치는지 그 이유를 말해 보십시오.

## 말씀 먹기

● 누가복음 4:1-15을 읽고 다음 질문에 답해 보십시오.

4장은 이제 예수님이 공생애의 본격적인 시작을 알리는 부분입니다. 특히 4장은 다섯 장소를 중심으로 각각 다른 주제를 그리고 있습니다. 유대광야에서 시험을, 나사렛에서 설교를, 가버나움에서 교훈을, 시몬의 집에서 치유를, 그리고 한적한 곳에서 대화가 나옵니다. 특히 공생애를 바로 시작하지 않고 광야에서 시험을 받으면서 예수님의 공생애가 시작됩니다. 마태복음 4장에 나오는 시험 기사와 같은데 순서가 다릅니다.

1 예수님은 요단강에서 돌아와 광야에 이끌려 나갔는데 거기서 어떤 일이 일어났습니까? (1-2)

2 마귀가 시험한 내용과 그것에 대한 예수님의 대처를 말해 보십시오. (3-12)

_____

_____

3 마귀는 예수님에게 패배하고 나서 어떻게 했습니까? (13)

_____

_____

4 예수님은 갈릴리에 가서 무엇을 했습니까? (14-15)

_____

_____

 생각해 보기

● 예수님의 40일 시험은 이스라엘 백성의 40년의 광야 생활을 연상하게 합니다. 사단은 먹는 문제, 자기교만(능력의 문제), 영화와 명예의 문제들을 가지고 예수님을 시험하는데, 그때마다 예수님은 시험을 잘 이겨냈습니다. 어떻게 이겨냈는지 그 특징을 말해 보십시오.

_____

_____

💡 **Tip** 사단을 이기는 것은 오직 말씀입니다. 특히 말씀을 갖고 있는 우리에게 사단은 말씀을 가지고 다가옵니다. 마귀는 성경을 인용합니다. 제대로 성경을 알고 있는지 그리고 성경을 잘 적용하는지 시험합니다. 사단은 〈시편〉 말씀을 인용하여 예수님을 유혹합니다. 그러나 예수님은 하나님을 시험하지 말라고 하면서 그 유혹을 잘 이겨냈습니다. 그것은 예수님이 말씀을 잘 아셨기 때문에 이길 수 있었습니다. 어설프게 아는 성경은 오히려 우리에게 걸림돌이 될 수 있습니다.

---

**여행 2. 갈릴리에서 사역 시작**

**갈릴리**/회당 가르침(4:15)-**나사렛**/회당(4:16)-**갈릴리**/가버나움(4:31)-**갈릴리**/호수(5:1)-**갈릴리**/축복산(6:12)-**갈릴리**/가버나움(7:1)-**나인성**(7:11)-**각 성과 각 촌**(8:1)-**거라사**(8:26)-**뱃세다**(9:10)-**가이사랴 빌립보**(9:18)-**헐몬산**(9:28)

---

 삶의 적용

1 나는 살아오면서 어떤 시험에 잘 듭니까? 나에게 가장 약한 것들은 무엇인지 말해 보십시오.

_____

_____

2 나는 평소에 말씀을 얼마나 사모하고 그것을 영적 무기로 삼고 있는지 말해 보십시오.

_____

_____

# 말씀의 힘

하나님의 말씀은 진리입니다.

사단은 거짓의 명수입니다. 사단의 다른 별명은 속이는 자입니다. 우리가 사단의 유혹에 넘어가는 것은 사단의 속임수에 넘어가기 때문입니다. 마치 사기꾼에게 속임을 당하여 가산을 탕진하고 패망의 길로 가는 것과 같습니다. 왜 우리는 자꾸 사단의 유혹에 넘어갈까요? 그것은 말씀을 잘 알지 못했기 때문입니다. 말씀 안에 사단을 이길 수 있는 힘이 들어 있습니다. 우리는 말씀을 통해서 사단의 간계를 파악할 수 있습니다. 이것을 아는 사단은 어떻게 해서라도 우리와 말씀과 거리를 두게 합니다. 사람들이 말씀을 좋아하지 않는 것은 이런 사단의 전략에 넘어갔기 때문입니다.

우리가 죄를 짓지 않고 자신의 욕망에 사로잡히지 않는 길은 말씀을 마음에 두는 길입니다. 그러면 그 말씀으로 죄악을 이길 수 있습니다. 말씀을 어설프게 알면 오히려 그것으로 당할 수 있습니다. 유대인들이 말씀을 정확하게 알지 못함으로 인하여 예수님을 십자가에 못 박아 죽였습니다. 그들이 말씀의 의미를 잘 알았다면 예수님을 죽이지 않았을 것입니다. 이 모든 것이 말씀을 분명하게 알지 못함으로 생긴 결과입니다.

우리도 말씀을 정확히 알도록 힘써야 합니다. 그러면 사단이 우리를 넘보지 못할 것입니다. 알고 있습니까? 사단이 가장 두려워하는 것은 말씀이라는 사실을……

# 04

# 어부를
# 제자로 부르심

"예수께서 시몬에게 일러 가라사대 무서워 말라 이제 후로는
네가 사람을 취하리라 하시니" (눅 5:10)

갈릴리 바다의 고기잡이 배

 열린 마음

● 나는 어떻게 예수를 믿게 되었습니까? 나를 전도한 사람을 말해 보십시오.

 말씀 먹기

● 누가복음 5:1-11을 읽고 다음 질문에 답해 보십시오.

누가복음 5장부터 본격적인 갈릴리 전도가 시작됩니다. 전도를 위해서 먼저 제자를 부르시고 환자들을 고치시고 금식과 안식일 문제로 논쟁을 하십니다. 특히 열두 제자를 선택하시는 부분은 예수님의 중요한 사역입니다. 그것은 예수님이 가서도 복음은 계속 전해져야 하기 때문입니다. 그것을 아신 주님은 사역을 하시기 전에 제자를 선택하셨습니다.

1 예수님이 갈릴리 호숫가에 서서 말씀을 하실 때에 주변에서 마침 어떤 일이 일어났습니까? (1-2)

2. 예수님이 배 두 척 중 한 척에 올라 시몬을 부르시는 장면을 말해 보

십시오. (3-5)

_____

_____

3 베드로는 예수님의 말씀에 순종하여 고기를 어느 정도 잡았습니까?
(6-7)

_____

_____

4 고기의 기적을 보고 베드로는 예수님에게 어떻게 했습니까? (8)

_____

_____

5 베드로의 이 일로 인하여 사람들이 놀라고 결국 어떻게 됩니까? (9-11)

_____

_____

생각해 보기

● 세 제자가 예수님을 따를 때 모든 것을 버려두고 따를 수 있었던 이
유는 무엇입니까? 이것을 통해 볼 때 주님의 제자가 된다는 것은 무

슨 의미인지 말해 보십시오.

💡Tip 우리가 가지고 있는 것을 버리지 못하는 이유는 지금 내가 가지고 있는 것보다 더 좋은 것을 아직 발견하지 못했기 때문입니다. 제자들은 고기 잡는 일을 통하여 예수님의 능력을 경험했습니다. 그런 제자들은 당연히 그물을 버려두고 주님을 좇을 수 있었습니다. 주님의 제자가 되는 것은 모든 것을 버리고 오직 주님만 따라가는 것을 의미합니다. 자기를 버리는 것은 쉽지 않지만 주님의 가치가 분명하면 누구도 할 수 있는 일입니다.

 삶의 적용

1 나는 주님의 능력을 경험했습니까? 내가 만난 예수님을 말해 보십시오.

2 우리들이 말로는 주님의 제자가 된다고 하지만 실제로는 전적으로 주님을 잘 따르지 못합니다. 그 이유는 무엇이라고 생각합니까?

3 오늘 말씀을 통해 발견한 교훈은 무엇입니까?

# 내가 가진 것을 버리려면?

인간은 자기가 가진 것을 버리는 것이 쉽지 않습니다. 사람들은 모든 것을 움켜쥐려고 합니다. 욕심을 가진 사람은 이러한 욕망이 더합니다. 사람의 욕심은 한이 없습니다.

성경은 욕심이 잉태하면 죄를 낳고 죄가 장성하면 사망에 이른다고 말합니다. 그럼에도 사람들은 욕심에서 벗어나는 것이 힘듭니다. 왜 그럴까? 자기가 가진 것을 좀처럼 놓지 못하는 이유는 무엇일까? 그것은 자기가 가진 것보다 더 소중한 것을 아직 발견하지 못해서입니다. 내가 가진 것을 모두 아우르는 정도의 높은 가치를 발견하면, 우리는 가진 것을 쉽게 내려놓을 수 있습니다. 예를 들면 사람이 어느 날 건강이 악화되면 그때서야 건강의 소중함을 알게 됩니다. 그제야 다른 것을 포기하고 건강에 집중합니다.

나 자신을 버리지 못하는 것은 나를 구원하신 예수님을 더 확신 있게 믿지 못하고 인식하지 못했기 때문입니다. 제자들이 자기가 가진 것을 모두 버려두고 주님을 따랐던 이유는 예수님의 소중함을 알았기 때문입니다. 놀라운 기적을 경험하면서 예수님을 다시 바라보게 되었고 주님의 말씀에 순종하게 되었습니다. 나의 힘으로 주님을 따르고 모든 것을 버린다는 것은 어렵습니다. 주님의 능력이 임하고 주님의 소중함을 확신하면, 우리 모두는 주님을 위해서 헌신하게 됩니다. 가능한 십대에 이런 은혜가 임한다면 더없이 좋을 것입니다.

# 05

# 예수님의 평지
가르침

"너희를 저주하는 자를 위하여 축복하며
너희를 모욕하는 자를 위하여 기도하라." (눅 6:28)

## 열린 마음

● 사람에게 가르침과 교육이 필요한 이유는 무엇입니까? 사람에게 교육이 없으면 어떤 현상이 일어납니까?

## 말씀 먹기

● 누가복음 6:20-38을 읽고 다음 질문에 답해 보십시오.

본문은 마태의 산상수훈과 같은 것인데 내용이 간략합니다. 다만 누가복음에서는 장소가 산에서 내려오시는 도중의 평지로 여겨집니다. 여기서 제자를 부르시고 그 제자들에게 특별히 교훈을 주신 것입니다. 누가복음의 평지 보훈은 내용으로는 짧지만 강렬합니다. 특히 이방인을 상대로 복음을 쓴 누가는 마태의 구약적 요소를 제하고 인도적인 윤리 중심으로 내용을 다루었습니다. 다른 점이 있다면 마태복음은 8복이지만 누가복음은 4복입니다. 마태는 집중적으로 모아서 산상수훈을 기록했지만 누가는 여러 곳에 산재하여 기록하고 있습니다. 예를 들면 눅 11:2-4, 9-13, 33-36, 12: 22-31, 33-34, 58, 13:24, 14:34-35, 16:13 등에 펼쳐 있습니다.

1 예수님이 제자들에게 말한 네 가지 복은 무엇입니까? (20-22)

2 앞에서 언급한 "이제 이런 자는" 그날에 어떤 상이 임합니까? 이것에 대한 근거를 말해 보십시오. (23)

3 네 가지 저주받는 사람을 말해 보십시오. 아울러 그런 예를 들어서 말해 보십시오. (24-26)

4 원수를 대하는 것을 보면 그 사람의 제자도를 볼 수 있습니다. 원수의 유형 세 형태를 말해 보십시오. 그들에 대한 그리스도인의 자세를 말해 보십시오. (27-31)

5 왜 원수를 사랑해야 하는지 그 이유를 말해 보십시오. (32-34)

6 그리스도인은 원수에 대해서 무조건 어떻게 해야 합니까? 그런 사람에게 주어지는 하나님의 축복은 무엇입니까? (38)

## 생각해 보기

● 복을 받는 자들의 특징은 인간적으로 부족한 사람들입니다. 그런 사람에게 복이 임한다고 했는데 우리는 이것을 어떻게 이해해야 합니까? 가난한 자는 무조건 복을 받습니까? 그것이 아니라면 여기서 가난하고, 울고, 주린다는 것은 어떤 의미가 있는지 말해 보십시오. (참고. 마 5:3)

---

📖 Tip 유대교에서 "가난한 자"는 "경건한 자"를 의미했습니다. 울음, 가난, 핍박 자체가 복이 되지 않습니다. 여기서 가난과 주림과 울음과 핍박은 무엇인가를 전제한 내용입니다. 즉 그리스도와 연관이 있을 때입니다. 주를 위하여 복음을 위하여 받는 고난을 의미합니다. 실제적으로 가난해도 그리스도와 상관없는 가난은 의미가 없습니다. 그것은 복이 되지 않습니다. 가난한 사람은 자기의 문제를 자력으로 해결하지 못하기에 겸손하고 늘 하나님의 도움을 구하게 됩니다. (시 12:5, 86:1, 사 55: 1. 암 8:11)

 삶의 적용

1 그리스도인은 세상에 대해서 한마디로 어떤 삶을 살아야 합니까?

_____

_____

2 예수님의 말씀 중에서 내가 가장 실천하기 어려운 것은 무엇입니까?
그 이유는 무엇입니까?

_____

_____

3 오늘 말씀을 통해 발견한 교훈은 무엇입니까?

_____

_____

갈릴리 주변의 평지

38

# 무엇이 복인가?

사람들은 모두가 복을 좋아합니다. 복 받으라고 말하면 모두가 즐거워합니다. 그렇다면 "복이란 무엇인가?" 하는 질문을 하게 됩니다. 무엇이 복인가? 사람들은 무엇이 복인지 잘 모르고 무조건 복을 구하는 경우가 많습니다. 복은 사람을 이롭게 하는 것입니다. 사람에게 피해를 주는 것은 저주입니다. 그래서 사람은 모두가 복을 좋아합니다. 그러나 사람을 이롭게 하는 것을 구분하는 건 쉽지 않습니다. 잠시 동안 이롭게 하는 것이 있기 때문입니다. 진정한 복은 영원해야 합니다. 일시적인 복은 참된 복이 아닙니다. 오히려 우리를 힘들게 하고, 화가 될 수 있습니다. 마치 진통제를 지속적으로 사용하면 나중에는 약을 사용해도 듣지 않는 더 나쁜 상황이 될 수 있는 것과 같습니다.

하나님 없는 복은 복이 아닙니다. 왜냐하면 복의 근원은 하나님이기 때문입니다. 모든 것을 얻어도 하나님을 잃는다면 그것은 잘못된 것입니다. 하나님이 없는 복은 저주입니다. 하나님을 멀리하고 하나님을 잊어버리게 하는 것은 우리를 해롭게 하는 것으로 조심해야 합니다.

부자가 꼭 좋은 것은 아닙니다. 그렇다고 가난한 것이 늘 좋은 것도 아닙니다. 그러면 무엇이 좋은 것인가요? 어떤 것이 더 하나님을 바라보게 한다면 그것은 좋은 것입니다. 부유함이 위험한 이유는 그것이 하나님을 잊어버리게 하기 쉽다는 점 때문입니다. 건강한 것이 좋지만 건강해서 오히려 하나님을 찾지 않게 된다면 그 건강은 우리에게 유익이 되지 못합니다.

그러나 비록 가난하고 건강이 좋지 못해도 그것으로 하나님을 간절히 찾게 된다면 그것은 복입니다.

# 06

# 예수님의
# 정체성

"이는 나의 아들 곧 택함을 받은 자니 너희는 저의 말을 들으라." (눅 9:35)

## 🌸 열린 마음

● 내가 믿는 예수님은 어떤 분이신지 각자 자기의 생각이나 체험이 있
  으면 말해 보십시오.

_____

_____

## 🌺 말씀 먹기

● 누가복음 9:28-36을 읽고 다음 질문에 답해 보십시오.

본문에는 마태복음과 마가복음에 기록되지 않은 중요한 단서가 기
록되었습니다. 그것은 황홀한 영광 중에 나타난 모세와 엘리야가 이
산에서 예수와 나눈 대화 중 예수님의 죽음에 관한 내용입니다. 여기
서 나타난 핵심 내용은 예수님은 이제 고난과 죽음의 길을 가게 될
것이라는 것입니다. 이것이 제자들이 알아야 할 예수님의 모습이었
습니다.

1 예수님은 세 제자를 데리고 기도하시러 산에 올라갔습니다. 이때 일
  어난 모습을 말해 보십시오. (28-29)

_____

_____

2 영광 중에 모세와 엘리야가 나타나서 예루살렘에서 예수님에게 일어

날 일을 말씀하셨는데 그 내용은 무엇입니까? (30–31)

_____

_____

3 이때 같이 간 제자들은 무엇을 했으며 모세와 엘리야 두 사람이 떠날 때 베드로가 한 말은 무엇입니까? (32–33)

_____

_____

4 주님이 말씀하실 때 구름 가운데서 나타나 하신 하나님의 말씀은 무엇입니까? (34–35)

_____

_____

5 이것을 본 제자들은 어떻게 되었습니까? (36)

_____

_____

 생각해 보기

● 왜 예수님은 제자들에게 변화산에서 하늘의 영광을 보여주면서 특별

한 체험을 하게 했습니까?

_____

_____

💡 Tip 영광과 고난은 필연적인 관계입니다. 기적과 영광을 본 사람은 그리스도가 능력임을 알았습니다. 그러므로 고난의 삶을 부끄러워하지 말아야 합니다. 이것이 영광을 보여준 의미입니다. 예수님을 믿는 사람은 세상의 어려운 일을 잘 감당할 수 있습니다. 왜냐하면 예수님을 믿는 것은 모든 것을 얻은 것과 같기 때문입니다. 그리고 그 예수님은 하나님의 아들이기 때문입니다.

 삶의 적용

1 나는 하늘의 신비한 경험을 한 적이 있습니까? 이와 비슷한 체험을 말해 보십시오. (예를 들면 구원의 감격 같은 것)

_____

_____

2 나는 예수님이 곧 하나님이심을 믿습니까? 혹시 이런 믿음이 없다면 그 이유는 무엇입니까?

_____

여행 3. 예루살렘을 향하는 여행과정

**예루살렘을 향하려**(9:51)-**사마리아촌**(9:52)-**한 촌**(베다니)(10:38)-**각 성과 촌**(13:22)-**사마리아와 갈릴리 사이**(17:11)-**여리고**(18:35, 19:1)

# 주님을 만난 체험이 있습니까?

예수님이 제자들을 데리고 산에 올라가서 예수님이 변화되는 신비한 체험을 하게 한 이유는 무엇일까? 그리고 영광 중에 선 두 사람을 보게 한 것은 무엇일까? 그것은 세 명의 제자들에게 예수님이 누구인가를 보여주기 위해서입니다. 예수님을 따르면서도 예수님이 누구인지를 모르고 따를 수 있습니다. 위대한 선생님 정도로 생각할 수 있습니다. 그러나 이런 믿음으로는 십자가의 길을 갈 수 없습니다. 그래서 주님은 제자들에게 자신이 곧 하나님의 아들임을 보게 하고 하늘의 소리를 직접 듣게 했습니다. 예수님의 정체성을 분명하게 안다면 주님을 따르는 것이 쉽기 때문입니다.

나는 오늘 주님이 하나님이심을 믿습니까? 나를 창조하고 인도하시는 분임을 얼마나 믿고 있습니까? 이런 믿음을 가진다면 우리는 인생에서 두려울게 없을 것입니다. 무엇 때문에 기도합니까? 그것은 예수님에 대한 믿음을 갖기 위해서입니다. 세상을 창조하신 분이시요, 나를 구원해 주신 그분을 믿기 위해서입니다. 그 믿음이 얼마나 있느냐에 따라 우리의 믿음의 모습도 달라집니다.

혹시 제자들처럼 하나님의 아들이신 주님의 음성을 듣고서도 여전히 나의 생각으로 주님을 믿고 있지 아니한지요? 믿음을 가졌으면서도 불안해 하고 걱정하고 힘들어 하는 이유는 우리 믿음의 부족함 때문입니다. 오늘도 주님을 분명하게 믿기 위한 체험을 달라고 기도하세요. 제자들이 변화산에서 한 것과 같은 체험이 십대에게 절실히 필요합니다. 주님을 만났다는 것은 주님이 곧 하나님이심을 확신하는 것을 의미합니다.

# 07

# 제자의 길

"예수께서 승천하실 기약이 차가매 예루살렘을 향하여
올라가시기로 굳게 결심하시고." (눅 9:51)

가시 면류관

## 열린 마음

● 세상 사람들이 가는 인생길은 여러 종류가 있습니다. 어떤 것들인지 각자 생각해 보고 자유롭게 말해 보세요.

_____

_____

## 말씀 먹기

● 누가 복음 9:51-62을 읽고 다음 질문에 답해 보십시오.
본문부터는 베뢰아 지역으로 가는 갈릴리와 예루살렘의 중간 전도 지역이 소개됩니다.

여기서부터는 예루살렘으로 가는 여정 중에 일어난 일들이 소개됩니다. 그 첫 번째 지역이 사마리아입니다. 이들은 예수님의 일행을 배척했습니다. 예수님 일행이 자신들과 다른 예배 장소를 갖고 있는 예루살렘으로 가는 것을 알았기 때문입니다. 그런 그들에게 예수님은 적대적인 자세를 가지지 말라고 말합니다.

1 예수님은 승천하실 시간이 다가오자 갈릴리를 떠나 예루살렘으로 올라가실 것을 결심했는데, 그 전에 예비하기 위하여 어디로 들어가셨습니까? (51–52)

_____

_____

**2** 사마리아 사람들이 예수님을 어떻게 대했습니까? (53)

_____

_____

**3** 이것을 보고 야고보와 요한이 무엇이라 말했습니까? 예수님의 반응은 무엇입니까? (54–56)

_____

_____

**4** 예수님이 가시는 길은 어디든지 좇겠다고 어떤 사람이 말하자 그에게 주신 말씀은 무엇입니까? (57–58)

_____

_____

**5** 또 다른 사람에게 주님이 나를 좇으라 하자 그가 주저한 이유는 무엇입니까? (59)

_____

_____

**6** 예수님은 그런 사람에게 무엇이라 말씀하셨습니까? (60)

_____

7. 또 다른 사람은 어떻게 하고 주님을 따르겠다고 했습니까? 그것에 대한 주님의 대답을 말해 보십시오. (61-62)

 생각해 보기

● 제자의 길은, 즉 십자가의 길은 분명히 고난의 길임에도 왜 다수의 사람들은 영광만 바라보게 됩니까? 이렇게 되는 것은 어떤 문제를 해결하지 못해서입니까? (참고. 눅 14:26, 마 6:33, 10:37)

♥ Tip 본문에는 제자가 되고자 하는 세 사람의 유형이 나옵니다. 모두 제자가 되는 것을 세상적인 욕망을 이루는 것으로 오해를 하고 있습니다. 이것에 대해 주님이 바른 길을 제시하고 있습니다. 주님의 십자가를 따라간다고 하는 것은 자기 십자가를 지고 자기를 부인할 때 가능한 일입니다. 주님이 자신의 모든 것을 다 주셨듯이 그 뒤를 따라가는 우리의 모든 것을 바쳐야 합니다. 이미 십자가를 통해 모든 것을 얻었기에 모두 준다 해도 우리는 더 이상 손해 볼 것이 없습니다. 비록 그 길이 죽음의 길이라 해도 말입니다.

 **삶의 적용**

1 내 인생의 목표와 방향은 무엇입니까?

2 내가 가는 길은 주님이 가셨던 길과 비교하여 어떤 점에서 같고 다른
  지 말해 보세요.

3 오늘 말씀을 통해 발견한 교훈은 무엇입니까?

사마리아 지역

# 예수를 믿는다는 것은?

　예수를 믿는다는 것은 무엇일까? 주님을 따른다는 것은 어떤 의미가 있는가? 잘못하면 예수를 믿는 것을 세상에서의 성공과 복으로 생각하기 쉽습니다. 만약 세상에서 성공하기 위해서 예수를 믿는다면 그것은 진정으로 예수를 믿는 것이 아닙니다. 예수를 믿는 것은 주님처럼 살아가는 것입니다. 주님은 십자가를 향해 예루살렘으로 가셨습니다. 그것은 죽음의 현장이요, 인류를 위해 자기를 던져 생명을 바치는 것입니다. 힘든 일이요, 고난의 길입니다. 그러나 그것이 주님이 가야 했던 길입니다. 왜입니까? 그렇게 함으로서 모든 인류에게 구원의 길이 열렸기 때문입니다.

　오늘 우리도 자기를 위해서 사는 것이 아니라 다른 사람의 구원을 위해서 살아야 합니다. 이것이 그리스도인의 삶입니다. 우리는 이미 구원을 얻었기에 오늘 죽어도 천국에 갑니다. 이미 구원의 선물을 받은 사람은 아직 구원받지 못한 사람을 위해서 살아야 합니다. 그것이 구원받은 이유입니다.

　그리스도인의 인생목표는 세상 사람들과 다릅니다. 비록 힘들더라도 우리는 자신의 유익을 위한 것이 아닌 다른 사람의 유익을 위해서 살아야 합니다. 그 유익은 물질이나 세상의 성공이 아닌 영혼을 구원하는 일입니다. 이보다 더 귀한 일은 없습니다. 우리의 인생 목표는 여기에 초점을 맞추어야 합니다. 각자 주어진 직업을 통한 궁극적인 목표는 많은 사람을 주님 앞으로 인도하는 일이 되어야 합니다. 그것을 위해서 고난을 당한다 할지라도 즐거운 마음으로 그 일을 한다면 그것이 곧 주님의 길을 따라가는 길이 됩니다.

50

# 08

# 나사로와 부자 이야기

"아브라함이 가로되 얘 너는 살았을 때에 네 좋은 것을 받았고 나사로는
고난을 받았으니 이것을 기억하라 이제 저는 여기서 위로를 받고
너는 고민을 받느니라." (눅 16:25)

 **열린 마음**

● 천국이 있다고 믿습니까? 없다고 믿는다면 그 이유는 무엇입니까?
함께 대화를 나누어 보세요.

_____

_____

 **말씀 먹기**

● 누가복음 16:19-31을 읽고 다음 질문에 답해 보십시오.

재물에 대한 예수님의 글 모음 가운데 마지막 내용이 부자와 나사로
에 관한 비유입니다. 앞 부분에서 불의한 청지기(눅 16:1-13)와 돈을 좋
아하는 바리새인(눅1 6:14-18)이 소개되고 이어서 본문인 연락하는 부
자(눅 16:19-31)가 나옵니다. 이 내용은 생전의 내용과 사후의 내용을
말함으로 자연스럽게 천국의 모습을 보여주고 있습니다.

1 한 부자는 어떤 삶을 살았습니까? (19)

_____

_____


2. 반면에 나사로는 어떻게 살았습니까? (20-21)

_____

_____

3 두 사람이 죽은 후에는 어떻게 되었습니까? (22-23)

4 음부에 간 부자는 아브라함에게 무엇을 요청했습니까? (24)

5 아브라함은 부자의 세상에서와 천국에서의 문제를 제기하고 있는데 그 내용은 무엇입니까? (25-26)

6 부자는 아브라함에게 나사로를 통해 어떻게 해달라고 부탁합니까? (27-28)

7 아브라함은 무엇을 근거로 부자의 부탁을 거절합니까? (30-31)

● 본문은 믿음으로 구원을 받는다는 교리적인 이야기가 아니라, 생전과 사후의 모습을 비유를 통하여 말씀하시는 내용입니다(생전의 모습(16:19-21) 사후의 모습(16:22-31)). 부자와 나사로의 이야기를 통하여 얻는 죽음 이후의 세계에 대한 영적 깨달음을 정리해 보십시오. 이 비유가 우리에게 주는 교훈은 무엇입니까? (참고, 벧후 1:16-19, 요 11:46, 12:10)

—천국과 음부(지옥)란 어떤 곳인가?

_____

_____

—천국에 간 사람이 다시 올 수 있는가?

_____

_____

—인간은 사후세계와의 교류가 가능한가?

_____

_____

💧Tip 천국은 분명히 존재합니다. 그러나 아무도 가 본 사람은 없습니다. 우리는 천국을 오직 말씀을 통해서 믿습니다. 보고 믿는 것보다 보지 않고 말씀을 듣고 믿는 것이 진정한 믿음입니다. 말씀을 듣는 것은 기적과 체험보다 더 중요합니다. 구원은 체험이 아닌 말씀을 들음으로써 얻습니다. 죽은 사람이 다시 살아온다 해도 믿지 않는 사람은 믿지 않습니다. 세상에는 전도자가 전하는 말씀을 듣지 않는 사람들이 아직도 많이 있습니다. 그들은 기적이 일어나도 믿지 않습니다.

 삶의 적용

1 나는 무엇을 중심으로 살아갑니까? 이 세상 나라입니까? 하나님의 나라입니까?

2 오늘 세상에서는 성공했지만 천국을 가지 못하는 부자와 같은 사람은 없습니까? 찾아보고 그에게 전도할 계획을 세워 보십시오.

3 오늘 말씀을 통해 발견한 교훈은 무엇입니까?

# 누가 행복한 사람인가?

우리는 눈에 보이는 것만 바라보고 살아가는 경향이 많습니다. 그러나 보이는 것이 전부가 아닙니다. 오히려 보이지 않는 것이 세상에 더 많이 존재합니다. 우리가 사는 이 세상은 잠시입니다. 안개와 한 개의 점 같은 짧은 생애입니다. 그러나 우리가 앞으로 살아야 할 세상은 영원합니다. 앞으로 나타날 세상은 지금 이 세상과 비교하면 차원이 다릅니다. 그리스도인은 이런 영원한 세상을 꿈꾸며 살아갑니다. 그래서 이 세상의 삶이 어렵고 힘들어도 그리스도인은 슬퍼하지 않고 소망 가운데 살아가게 됩니다. 그것은 앞으로 나타날 천국의 삶 때문입니다. 이 세상이 전부가 아닙니다. 이 세상에서 잘 산다 해도 그것은 잠시입니다. 앞으로 나타날 영광과는 비교가 되지 않습니다.

부자는 잠시 사는 세상에서 행복하게 산 것 같았지만 앞으로 오는 세상에서는 영원히 불행하게 살아가는 존재가 되었습니다. 그러나 나사로는 이 세상에서는 힘들게 살았지만 나타날 세상에서는 영원히 행복하게 삽니다. 이것은 우리가 인생을 무엇을 바라보면서 살아야 하는지를 보여줍니다. 당장의 현실만 보지 말고 앞으로 나타날 영원한 천국을 바라보면서 오늘을 살아가는 우리가 되어야 합니다. 그리스도인은 그 천국을 이미 얻었습니다. 그런 그리스도인은 아무리 힘들어도 슬프거나 불행하지 않습니다.

어떻습니까. 예수를 믿는 행복이 얼마나 대단한지, 감사하고 싶지 않으십니까. 중요한 것은 지금이 아니라 마지막입니다.

# 09

# 여리고에서
# 일어난 일

"인자의 온 것은 잃어 버린 자를 찾아 구원 하려 함이니라." (눅 19:10)

여리고

## 열린 마음

● 우리 주위에 왕따를 당하거나 소외당하거나 사람들에게 외면당하는 사람은 없는지 함께 이야기를 나누어 보십시오. 그런 사람에게 우리는 무엇을 해야 할까요? 의견을 나누어 보세요.

_____

_____

## 말씀 먹기

● 누가복음 19:1-10을 읽고 다음 질문에 답해 보십시오.

본문은 누가복음 9:51절부터 시작하는 '예루살렘을 향한 여행 기사'(9:51-19:44)의 긴 내러티브 중 마지막 단락입니다. 특히 여리고는 예루살렘에 가까이 있는 동네로, 이제 예수님의 본격적인 십자가 죽음이 다가왔음을 알리는 예고편과 같습니다. 특히 잃어버린 자를 찾아 구원하러 가시는 예수님의 삶을 그리고 있는 감동적인 내용입니다.

1 예수님이 여리고에 들어가실 때 예수님에게 다가온 사람은 누구입니까? (1-2)

_____

_____

2 삭개오는 주님을 만나는 데 어떤 장애를 가지고 있었습니까? 그것을

극복하기 위하여 취한 행동은 무엇입니까? (3-4)

_____

_____

3  뽕나무에 올라간 삭개오를 보고 하신 예수님이 말씀과 삭개오의 반응
   을 말해 보십시오. (5-6)

_____

_____

4  주위 사람의 반응은 어떠했습니까? 주님과 만난 삭개오의 달라진 모
   습은 무엇입니까? (7-8)

_____

_____

5  변화된 삭개오를 보고 하신 주님의 축복의 말씀과 이것을 통하여 발
   견되는 주님의 사명은 무엇입니까? (9-10)

_____

_____

 생각해 보기

● 삭개오는 외적인 것으로는 모든 것을 가졌지만 내적으로는 갈급했습
니다. 주님을 만나 영적인 구원을 받은 후에 달라진 삭개오의 모습은
무엇입니까? 이것이 우리에게 주는 교훈은 무엇입니까? (눅 3:8-14,
12:13-21, 16:1-3,  참고. 눅 18:26-27)

💡 Tip 부자가 구원받는 것은 극히 어려운 일임을 감안할 때 삭개오의 회심은 놀라
운 일입니다. 자기가 가진 재물의 절반을 가난한 자들에게 주고, 토색한 것이 발견되
면 네 배로 갚겠다는 것에서 진정한 신앙과 회개에 이르렀다고 볼 수 있습니다. 삭개
오의 회심은 강제적인 것이 아닌 자발적인 변화였습니다. 오늘도 말씀을 들으면 그
말씀이 우리를 회개하고 돌아서게 합니다. 나는 이런 말씀의 능력을 얼마나 믿습니
까?

삭개오의 뽕나무

 삶의 적용

**1** 나와 삭개오를 비교했을 때 같은 점은 무엇입니까?

_____

_____

**2** 나와 우리 집은 예수님을 주님으로 섬기면서 살고 있나요? 예수님을 만난 나의 변화된 모습을 함께 말해 보세요.

_____

_____

**3** 오늘 말씀을 통해 발견한 교훈은 무엇입니까?

_____

_____

여행 4. 예루살렘에서

감람산, 벳바게와 베다니(19:29)-예루살렘 성전(19:45)-감람산(21:37)-다락방(22:12)-감람산(22:39)-대제사장집(22:54)-산헤드린 공의회(22:66)-빌라도 법정(23:1)-헤롯(23:7)-빌라도(23:13)-골고다(23:33)-엠마오(24:13)-예루살렘(24:36)-베다니(24:50)

# 예수님을 진정으로 만나면?

　모든 사람이 예수님을 만나야 하는 이유는 간단합니다. 그분을 만나면 사람은 변화됩니다. 예수님처럼 달라지게 됩니다. 우리는 어떤 분보다 예수님을 만나야 합니다. 그것은 그분이 곧 하나님이시기 때문입니다. 사람은 누구를 만나느냐에 따라 달라집니다. 좋은 사람을 만나면 좋게 변하지만 나쁜 사람을 만나면 나쁘게 달라집니다. 만나는 사람이 누구냐에 다라 영향력이 달라집니다. 삭개오가 만난 예수님은 어떤 사람이라도 변화시키는 능력을 가지신 분입니다. 그것은 삭개오의 달라진 모습을 통해서 잘 알 수 있습니다. 자기 소유의 절반을 바친다는 것, 그것도 자발적으로 주님 앞에서 결단한 것은 그가 정말 변화되었다는 것을 보여줍니다. 그를 그렇게 달라지게 한 것은 누구일까? 예수님입니다.

　오늘 우리들도 삭개오처럼 달라진 삶을 살기 위해서는 예수님을 진정으로 만나야 합니다. 그것은 지식적인 만남이 아닌 인격적인 만남을 가져야 함을 의미합니다. 십대 때 누구를 만나느냐 하는 것은 인생의 변화에 대단히 중요합니다. 예수님을 깊게 만남으로 십대의 인생이 달라진다면 얼마나 좋을까요? 오늘 내 마음에 주님을 영접하여 그분과의 만남을 가지면 삭개오처럼 변화가 일어날 것입니다. 그것을 나도 한번 꿈꾸어 보면 어떨까요?

# 10

# 예루살렘성
# 입성

"가로되 찬송하리로다 주의 이름으로 오시는 왕이여 하늘에는 평화요
가장 높은 곳에서는 영광이로다 하니" (눅 19:38)

## 열린 마음

● 나는 주일날 교회당에 예배하러 갈 때 어떤 마음을 가지고 또 어떤 목적을 갖고 가는지 각자 말해 보십시오.

_____

_____

## 말씀 먹기

● 누가복음 19: 28-44을 읽고 다음 질문에 답해 보십시오.

그동안 예루살렘을 향한 긴 여행 기사인 베뢰아 전도여행기가 이제 끝을 맺습니다. 그리고 드디어 예루살렘에 이르게 됩니다. 예수님 공생애 마지막 부분으로 절정의 시간입니다. 시간적으로는 한 주간의 일로, 그의 전 생애의 4분의 1을 다루는 중요한 사건입니다. 누가복음 9:51절에서 "예루살렘을 향하여"라고 말한 여행 목적지에 드디어 다다르게 됩니다.

1  본문은 세 복음서가 공통적으로 말해 주는 내용입니다. 드디어 예수님은 예루살렘으로 입성하게 됩니다. 예루살렘으로 들어가시는 중에 어디에 이르렀습니까? 여기서 제자 둘을 보내며 하신 일은 무엇입니까? (28-31) (감람산에 위치한 벳바게와 베다니는 예루살렘에서 2-3킬로미터 떨어진 동네입니다. 감람산은 안식일에 가기에 알맞은 거리입니다(약 1킬로미터). 해발 약 800미터인 예루살렘보다 약 30미터 높아 이곳에 서면 예루살렘 전 시가를 관망할 수 있습니다. 예수님은 유월절 엿새 전에 이곳에 도착하십니다.)

2 제자들이 성에 들어가서 주님의 말씀이 성취되는 과정을 말해 보십시오. (32-35)

_____

_____

3 새끼나귀를 타신 예수님을 보고 사람들은 어떻게 환호했습니까? (36-38) (감람산에서 내려가는 길은 감람산 모퉁이를 돌아 도시가 완전히 보이는 곳입니다.)

_____

_____

4 찬송하는 군중들을 보고 무리 중의 바리새인들은 예수님에게 무엇을 요구했습니까? 그들의 요구에 대해 예수님이 하신 말씀은 무엇입니까? (39-40)

_____

_____

5 예수님이 예루살렘 성에 가까이 오셔서 하신 일과 앞으로 일어날 일에 대해 예언하신 것들을 말해 보십시오. (41-44)

 생각해 보기

● 예수님이 새끼나귀를 타고, 사람들이 옷을 펴고 찬송하며 예루살렘 성에 입성하는 내용은 구약 스가랴 9:9의 성취입니다. 이것을 통해 예수님이 예루살렘까지 오시는 과정은 어떤 영적 의미가 있으며, 예수님이 십자가에 죽는 사건을 성경 전체적으로 어떻게 이해해야 합니까?

💡 Tip 예수님의 예언의 말씀은 그대로 이루어졌습니다. 주후 70년에 로마 장군 디도가 예루살렘 성을 토성으로 완전히 가두었고, 유월절로 모인 1백만 명이 넘는 유대인들이 성 안에 갇혀 대부분 기근으로 죽었습니다. 이런 모습을 알지 못하는 예루살렘을 볼 때 예수님이 통곡하지 않을 수 없었습니다. 주후 70년에 예루살렘은 완전히 멸망하여 아이들과 사람들이 학살당하고 성전과 성곽은 불태워지며 완전히 파괴되었습니다. 예루살렘 멸망은 예수님의 예언대로 나중에 로마에 의해 이루어졌습니다. 예수님이 예루살렘에 오신 것은 정치적인 해방이 아니라 하나님 나라를 건설하는 전인적인 구원이었습니다.

 삶의 적용

1 나에게 있어 하나님의 영광을 위한 일은 무엇입니까? 미래를 상상하
며 말해 보십시오.

_____

_____

2 예수님은 진정 나에게 구원자입니까? 혹시 구원을 나의 욕심에 따른
구원으로 생각하지 않습니까? 나는 진정 주님을 어떻게 바라보면서
찬송하고 예배하는지 말해 보십시오.

_____

_____

예루살렘 성의 전경

# 나의 사명은 무엇인가?

사람마다 각자 자기의 사명이 있습니다. 그것을 발견할 때부터 인생은 가치가 있습니다.

인생은 짧습니다. 강건하면 80세 정도 살게 됩니다. 100세를 산다는 것은 쉽지 않습니다. 그렇다면 우리는 이렇게 주어진 인생을 그냥 먹고 마시고 쉬다가 마칠 수 없습니다. 무언가 사명을 부여잡고 살아가야 합니다. 그렇게 살아가면 예수님처럼 33세의 짧은 생애를 사셨다 해도 의미가 있을 것입니다.

예수님은 자신의 사명을 갖고 예루살렘 성에 들어가셨습니다. 사람들은 예수님의 사명이 무엇인지 잘 몰랐습니다. 그들의 환호와 찬송은 장차 인류를 구원하게 될 예수님의 운명을 헤아리지 못했습니다. 예수님의 사명을 알았다면 과연 그들은 어떻게 행동했을까요? 유대인들이 예수님을 죽인 것도 예수님의 사명을 이해하지 못했기 때문입니다. 그러나 자신의 사명을 알았던 예수님은 자신을 죽이는 사람을 용서했습니다. 사명을 아는 것과 모르는 것의 차이는 큽니다.

어떻게 인생을 잘 살 수 있을까? 그것은 자기의 사명을 알고 그 사명에 따라 살아가는 것입니다. 십대들이여, 나의 사명은 무엇입니까? 하나님이 나에게 주신 일은 무엇이라고 생각합니까? 기억하세요. 능력은 사명을 붙잡는 데서 나옵니다.

# 십자가의 죽으심과 장사 지냄

"예수께서 큰 소리로 불러 가라사대 아버지여 내 영혼을 아버지 손에 부탁하나이다 하고 이 말씀을 하신 후 운명하시다." (눅 23:46)

예수께서 십자가 지고 가는 형장의 길

 열린 마음

● 사람들과의 관계에서 가장 힘든 것은 무엇입니까? 무엇으로 사람 사이가 나빠지는지 말해 보세요. 그것을 해결하는 방법도 함께 찾아보세요.

_____

_____

 말씀 먹기

● 누가복음 23: 44-56을 읽고 다음 질문에 답해 보십시오.

누가는 예수님 자신이 가야만 하는 십자가의 길에 대해 아버지께 철저히 순종하는 모습을 부각시키고 있습니다. 예수님의 마지막 말씀은 이와 같은 순종의 완성입니다. 성소의 휘장이 찢어진 것은 예수를 죽게 만든 유대교의 심판을 암시하는 것이었습니다. 자신을 전적으로 아버지께 부탁하는 주님의 모습은 철저한 순종의 모범을 보여주신 것입니다.

1 십자가 위에서 예수님이 운명하시는 장면을 그려 보십시오. (44-46)

_____

_____

2 예수님이 죽으시는 마지막 모습을 본 세 부류의 모습을 말해 보십시

오. (47-49)

―사형 집행 책임자 로마 백부장

<br>

<br>

―구경 온 무리들

<br>

<br>

―예수님을 아는 자들과 예수님을 따르는 갈릴리의 여자들(막달라 마리아,
야고보의 어머니 마리아, 사도 요한의 어머니)

<br>

<br>

3  예수님이 죽으신 후에 예수님의 시체를 가져다가 장사 지낸 사람은
   누구이며 그가 행한 일을 말해 보십시오. (50-54) (로마법에 의하면 사형수
   의 시체를 구하는 사람이 없으면 그대로 며칠이라도 방치해 두어야 했다. 예수님을 장
   사 지낼 때에 같이 협력한 사람이 니고데모이다(요 19:39). 만약 시체를 가져가는 사람
   이 없으면 십자가 위에 있거나 일반 사형수 무덤에 묻혔다. 모세 계명에는 나무에 달아
   죽인 자는 당일에 장사 지내야 했다. 시체를 십자가에 둔 채 안식일을 지킬 수 없었다.)

4 갈릴리의 여인들은 예수님을 장사 지낸 무덤을 확인하고 돌아가 예수님을 위해 무엇을 했습니까? (55-56)

 생각해 보기

● 예수님의 죽음을 통해 깨닫는 교훈은 무엇입니까? 예수님의 죽음을 가장 가까이서 본 백부장의 "이 사람은 정녕 의인이었다"는 고백을 통하여 발견되는 진리는 무엇입니까?

💡 Tip 예수님은 죽으신 후에 드디어 승리하셨음이 증명되었습니다. 예를 들면 중립적인 위치에 있던 로마 백부장이 예수님을 인정했고 방관자였던 무리들이 예수님이 옳았다는 것을 알고 가슴을 치고 돌아갔고, 공의회 의원이었던 요셉과 니고데모가 함께 예수님의 장사를 지낸 것은 산헤드린 공의회 판결이 부당함을 알려주는 사건입니다.

 삶의 적용

1 나는 하나님의 뜻에 나를 완전히 바칠 수 있습니까? 이것을 위해서
  내가 해야 할 일이 있다면 무엇일까요?

2 예수님의 죽음은 현재 나에게 어떤 영향을 끼칩니까?

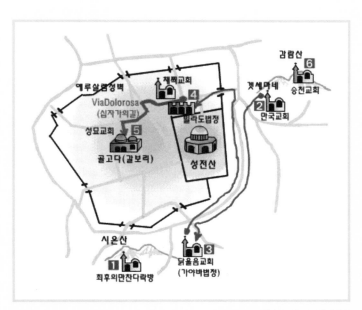

예수님의 수난 일주간의 일

73

# 하나님께 올인하라!

"아버지여 내 영혼을 아버지 손에 부탁하나이다"(눅 23:46)라고 기도한 주님의 모습은 인류의 죄를 위해 자신의 모든 것을 맡기는 순종의 절정입니다. 자기 생각을 포기하고 하나님의 뜻에 순종했기에 십자가 죽음이 가능했고 그것으로 인류가 구원을 받았습니다. 하나님이 인간을 얼마나 사랑하시는지 보여주는 사랑의 현장입니다.

하나님은 오늘도 자신을 하나님에게 올인하는 사람을 찾으십니다. 그에게는 모든 것을 다 주십니다. 하나님을 순종하는 만큼 하나님의 능력은 주어집니다. 하나님의 역사를 움직이는 사람은 하나님의 뜻에 철저히 순종하는 사람이었습니다.

그러나 하나님의 뜻에 100퍼센트 순종하는 것은 쉽지 않습니다. 그것은 우리 안에 욕심이 강하기 때문입니다. 내 생각과 내 뜻대로 살려고 하는 인간의 본질적인 악함이 하나님을 거부하게 만듭니다. 우리의 인생을 하나님에게 헌신하고 내어드릴 때 하나님은 우리에게 은혜를 주십니다. 자신을 하나님에게 드리는 만큼 하나님의 지혜가 보입니다.

십대는 인생의 가치관과 목표를 정하는 시기입니다. 하나님에게 자신을 드리기로 헌신하고 그것을 이루기 위해 공부하고 미래를 계획하는 사람이 되어야 합니다. 그렇게 할 때 하나님은 우리를 도와주시고 동행해 주십니다. 헛된 것에 올인하지 말고 가장 가치 있는 하나님에게 올인하십시오.

# 부활과 승천

"볼지어다 내가 내 아버지의 약속하신 것을 너희에게 보내리니 너희는 위로부터
능력을 입히울 때까지 이 성에 유하라 하시니라." (눅 24:49)

 열린 마음

● 다른 사람들과 관계 속에서 가장 기쁠 때는 무엇을 할 때입니까? 나눔으로 인해 매우 즐거워했던 경우가 있었다면 이야기해 보십시오.

_____

_____

 말씀 먹기

● 누가복음 24: 36-53을 읽고 다음 질문에 답해 보십시오.

이제 24장의 내용을 통하여 분위기가 근심과 두려움에서 놀라움과 기쁨으로, 하나님을 경배하고 찬양하는 것으로 바뀝니다. 그리고 새로운 역사가 시작됩니다. 이것은 사도행전을 통하여 복음의 놀라운 역사가 전 세계로 번져나감을 예고하고 있습니다. 이 모든 일을 본 사도들은 예수님의 증인으로서 사명을 감당하게 됩니다.

1 예수님이 부활하신 후에 제자들에게 나타나셔서 하신 말씀은 무엇입니까? (36)

_____

_____

**2** 제자들은 예수님을 어떻게 생각했습니까? (37)

_____

_____

**3** 예수님이 제자들에게 보여주신 모습은 어떤 것인지 말해 보십시오.
(38–43)

_____

_____

**4** 예수님이 부활하신 후에 제자들에게 가르치신 특별 제자훈련의 내용
을 말해 보십시오. (44–49)

_____

_____

**5** 예수님은 제자들을 데리고 베다니 앞에 가셔서 제자들을 축복하시고
승천하셨는데, 이후에 제자들이 한 일은 무엇입니까? (50–53)

_____

_____

## 생각해 보기

● 제자들은 왜 예수님을 보고서도 부활을 믿지 못했을까요? 부활을 반신반의하며 불신하는 제자들에게서 발견되는 믿음에 대한 영적 교훈을 말해 보십시오.

💡 Tip "너희는 이 모든 일에 증인이라"(48)는 말씀과 함께 주님이 승천하신 후에 제자들은 예루살렘에 돌아가서 늘 성전에서 하나님을 찬송하며 지냈습니다. 제자들은 예수님이 승천하셔서 자기들과 함께하지 않았음에도 이전과 다르게 걱정하거나 두려워하지 않고 큰 기쁨으로 성전에서 늘 찬송하며 살아갈 수 있었습니다. 그 이유는 제자들이 부활의 주님을 만났기 때문입니다. 부활을 통해 죽음의 두려움을 해결하면 인생의 모든 것은 쉽습니다.

유대인의 무덤

 삶의 적용

1 나는 부활의 주님을 인격적으로 만났습니까? 그로 인해 달라진 내 모습은 무엇입니까?

_____

_____

2 나는 삶의 현장에서 주님의 증인으로서 어떻게 살고 있는지 말해 보십시오.

_____

_____

3 오늘 말씀을 통해 발견한 교훈은 무엇입니까?

_____

_____

# 부활의 증인으로 살아가라!

성경을 공부하는 핵심은 예수 그리스도를 믿고 그분의 증인으로 살기 위함입니다. 만약 성경을 공부하면서도 예수님을 자신의 구원자로 만나지 못하면 성경은 나에게 닫혀 있는 책입니다. 성경에 대해서 많은 지식과 정보를 얻지만 진정으로 삶은 달라지지 않습니다. 내 힘으로는 안 됩니다. 하나님이 우리의 마음을 열어 주셔야만 주님을 만나는 것이 가능합니다.

"저희 마음을 열어 성경을 깨닫게 하시고"처럼 성령님께서 우리의 마음을 열어 주실 때 성경 속에 있는 주님을 만나게 되고 주님의 음성을 듣게 됩니다.

예수님이 나를 믿게 하신 것은 나만을 위해서가 아니라 인류에게 복음을 전하기 위해서입니다. 주님을 알지 못한 사람들에게 나가서 주님을 전해야 합니다. 예수님의 증인이 되어야 합니다. 이것을 위해서 주님은 부활하셨습니다. 그리고 나에게 부활을 주셨습니다.

정말 부활의 능력을 가졌다면 세상에 부활의 주님을 전해서 그들도 함께 부활하도록 해야 할 것입니다. 최고의 선물을 사람들에게 나누어 줄 때 마음이 설레듯이 우리가 복음 전할 때도 이렇게 되어야 하지 않을까요? 주님이 승천하신 것은 다시 주님이 오신다는 것을 의미합니다.

우리가 마지막까지 명심하면서 해야 할 일은 다시오실 주님을 전하고 주님을 만나게 하는 데 힘을 다하는 일입니다.

## 저자 이대희 목사

장로회신학대학교 신학대학원(M.Div)과 연세대학교 연합신학대학원(Th.M)을 졸업하고 에스라성경대학원대학교에서 성경학박사(D.Litt) 과정을 마쳤다. 예장총회교육자원부 연구원과 서울장신대 교수와 겸임교수를 역임했으며, 분당에 소재한 대안학교인 독수리 기독중고등학교에서 청소년에게 성경을 수년 동안 가르쳤다. 극동방송에서 〈알기 쉬운 성경공부〉〈기독교 이해〉〈크리스천 가이드〉〈전도왕백서〉〈습관칼럼〉 등 신앙양육 프로그램을 진행했다. 저자는 성경공부와 성경교육 전문사역자로 지난 25여 년 동안 성서사람·성서교회·성서한국·성서나라의 모토를 가지고 한국적 성경교육과 실천사역을 위한 집필과 세미나, 강의사역 등을 하고 있다. 현재 바이블미션 대표와 예즈덤성경교육원 원장, 꿈을주는교회 담임목사로 있다. 저서로는 『30분 성경공부』 시리즈, 『아름다운 십대 성경공부』 시리즈, 『투데이 성경공부』 시리즈, 『틴꿈십대 성경공부』 시리즈, 『인성과 창의력을 중시하는 유대인의 탈무드식 자녀교육법』, 『이야기대화식 성경연구』, 『성품성경공부』 시리즈, 『맛있는 성경공부』, 『맥잡는 기도』, 『전도왕백서』, 『자녀 축복 침상 기도문』, 『누구나 쉽게 배우는 쉬운 기도』, 『예즈덤 성경영재교육』, 『크리스천이여 습관부터 바꿔라』 등 200여 권의 저서가 있다.

e-mail: ckr9191@hanmail.net

# 누가복음 최고의 멘토, 예수님을 만나라
틴~꿈 십대성경공부 | 신약책 시리즈 1

초판1쇄 발행일 | 2009년 8월 20일
초판3쇄 발행일 | 2015년 2월 6일

지은이 | 이대희
펴낸이 | 김학룡
펴낸곳 | 엔크리스토
마케팅 | 이동석, 오승호
관리부 | 김동인, 신순영, 정재연, 한호연, 지구왕

출판등록 | 2004년 12월 8일(제2004-116호)
주 소 | 경기도 고양시 일산동구 장대길 74-10
전 화 | (031) 906-9191    팩 스 | (0505) 365-9191
이메일 | 9191@korea.com
공급처 | 기독교출판유통

ISBN 978-89-92027-71-7  04230

* 이 교재의 사용방법 · 내용 · 교육 · 강의와 세미나에 대한 문의는 예즈덤성경교육원(02-403-0191, 010-2731-9078. http://cafe.naver.com/je66 )으로 해주세요. 카페에 각과 내용에 대한 동영상 강의 자료가 있습니다. 참고하시기 바랍니다. 매주 월요일에 엔크리스토 성경대학 지도자 훈련코스가 있습니다 (개관반 · 책별반 · 주제반 · 성경영재교육반). 1년에 4학기(봄, 여름, 가을, 겨울)로 운영됩니다.

# 엔크리스토 성경공부 양육 교재

## 투데이 성경공부

평생 성경공부할 수 있도록 구성한 시리즈. 주제별로 구성되어 있어 각 교회의 상황에 맞게 커리큘럼을 재구성하여 사용할 수 있다.

101 신앙기초(전 9권 완간) | 201 예수제자(전 9권 완간) | 301 새생활(전 12권 완간)
601 성경개관(전 10권 완간) | 401 · 501 발간 예정

## 30분 성경공부

신앙생활의 기초를 다루었으며 신앙의 전체 그림을 그릴 수 있는 2년 과정의 소그룹 성경교재다. 성경공부를 시작할 때 사용하면 효과적이다.

믿음편 | 기초 · 성숙   생활편 | 개인 · 영성 · 교회 · 가정 · 이웃 · 일터 · 사회 · 세계
성경탐구편 | 창조시대 · 족장시대 · 출애굽시대 · 광야시대 · 정복시대/사사시대 · 통일왕국시대 · 분열왕국시대 · 포로시대/포로귀환시대 · 복음서시대1 · 복음서시대2 · 초대교회시대 · 서신서시대

## 아름다운 십대 성경공부

십대들이 꼭 알아야 할 성경의 핵심내용과 기독교적 가치관, 세계관을 정립하는 데 필요한 핵심주제를 담고 있으며, 3년 과정으로 구성되었다.

101 자기정체성 · 복음 만남 · 신앙생활 · 멋진 사춘기 · 예수의 사람(전 5권)
201 가치관 · 믿음뼈대 · 십대생활 · 유혹탈출 · 하나님의 사랑(전 5권)
301 비전과 진로 · 신앙원리 · 생활열매 · 인생수업 · 성령의 사람(전 5권)

## 틴꿈 십대성경공부

성경 전체의 내용을 핵심적으로 구성되었으며, 성경 파노라마를 통해 십대들이 알아야 할 성경의 맥과 개관을 다루고 구약책과 신약책 중에서 십대에 맞는 책을 선택하여 집중적으로 유형별로 균형 있게 공부할 수 있다.

1년차 성경개관 | 성경파노라마 1, 2, 3, 4, 5(전5권)
2년차 구약책 | 창세기 · 에스더 · 다니엘 · 잠언 · 전도서(전5권)
3년차 신약책 | 누가복음 · 로마서 · 사도행전 · 빌립보서 · 요한계시록(전5권)
• 틴~ 꿈 새가족 양육교재

# 엔크리스토 성경공부 양육 교재

## 책별 66권 성경공부

성경 전체 66권을 각 권별로 자유롭게 선택하여 사용할 수 있는 성경공부.
성경 전체를 체계적으로 연구할 수 있다.

창세기 1 · 2 · 3 · 4, 느헤미야, 요한복음 1 · 2, 로마서, 에스더, 다니엘, 사도행전 1 · 2 · 3
(계속 발간됩니다)

## 엔크리스토 제자양육성경공부

한 사람을 온전한 제자로 만드는 과정으로 7단계로 구성되었있다. 전도(복음소개)와
양육(일대일 양육, 이야기대화식 성경공부)과 영성(영성훈련)의 3차원을 통전적으로
연결되어 있으며 제자훈련 과정으로 적합하다.

복음소개 · 일대일 양육 · 새로운 사람 · 성장하는 사람
변화된 사람 · 영향력 있는 사람 · 영성훈련(전7권)

## 인도자를 위한 지침서

• 인도자 지침서(십대 성경공부 101 · 201 · 301시리즈) ㅣ 이대희 지음 ㅣ 각 10,000원
• 인도자 지침서(틴꿈 십대성경공부) ㅣ 이대희 지음 ㅣ 10,000원
• 인도자 지침서(엔크리스토 제자양육성경공부) ㅣ 이대희 지음 ㅣ 10,000원
• 인도자 지침서(30분 성경공부 믿음편 기초, 성숙ㅣ생활편 개인, 교회)
  ㅣ 이대희 지음 ㅣ 10,000원

## 성경공부에 필요한 참고 서적

• 이야기 대화식 성경연구 ㅣ 이대희 지음 ㅣ 10,000원
• 크리스천이 꼭 알아야할 100문 100답 ㅣ 이대희 지음 ㅣ 10,000원
• 꿈을 이루는 10대 크리스천을 위한 52가지 ㅣ 이대희 지음 ㅣ 10,000원

## 특 징
성경 66권을 쉽고 재미있게, 깊이 있게 배우면서 한국적 토양에 맞는 현장과 삶에 적용하는 한국적 성경전문학교

## 모집과정(반별로 2시간씩이며 선택 수강 가능)
● 성경주제반: 성경의 중요한 핵심 주제를 소그룹의 토의와 질문을 통하여 배운다.(투데이성경공부/30분성경공부)
● 성경개관반: 66권의 성경 전체의 맥과 흐름을 일관성 있게 잡아준다.(잘 정리된 그림과 도표와 본문 사용)
● 성경책별반: 66권의 책을 구약과 신약 한 권씩 선정하여 워크숍 중심으로 학기마다 연구한다.(3년 과정)

## 모집대상
목회자반/ 신학생반/ 평신도반(교사, 부모, 소그룹 양육리더, 구역장, 중직)

## 시 간
월요일(오전 10시 30분~오후 5시 30분/ 개관반 · 책별반 · 주제반)

## 수업학제
겨울학기 : 12~2월 | 봄학기 : 3~6월 | 여름학기 : 6~8월 | 가을학기 9~11월
(자세한 내용은 홈페이지 참조 요망. 학기마다 사정에 따라 일자가 변경될 수 있음)

## 수업의 특징
● 이야기대화식 성경연구방법으로 12주(3개월 과정) 진행
● 전달이나 주입식이 아닌 성경 보는 눈을 열어주고 경험하게 하면서 성경의 보화를 스스로 캐는 능력을 터득하게 하는 방법을 지향하며 소그룹 워크숍 형태로 진행

**강사** : 이대희 목사와 현직 성서학 교수와 현장 성경전문 강사

**장소** : 바이블미션
　　　　서울시 송파구 가락동 96-5(지하철 8호선 가락시장역)

**신청** : 개강 1주일 전까지 선착순 접수(담당 : 채금령 연구간사)

**문의** : 바이블미션–엔크리스토 성경대학(016-731-9078, 02-403-0196)
　　　　(홈페이지 www.bible91.org)